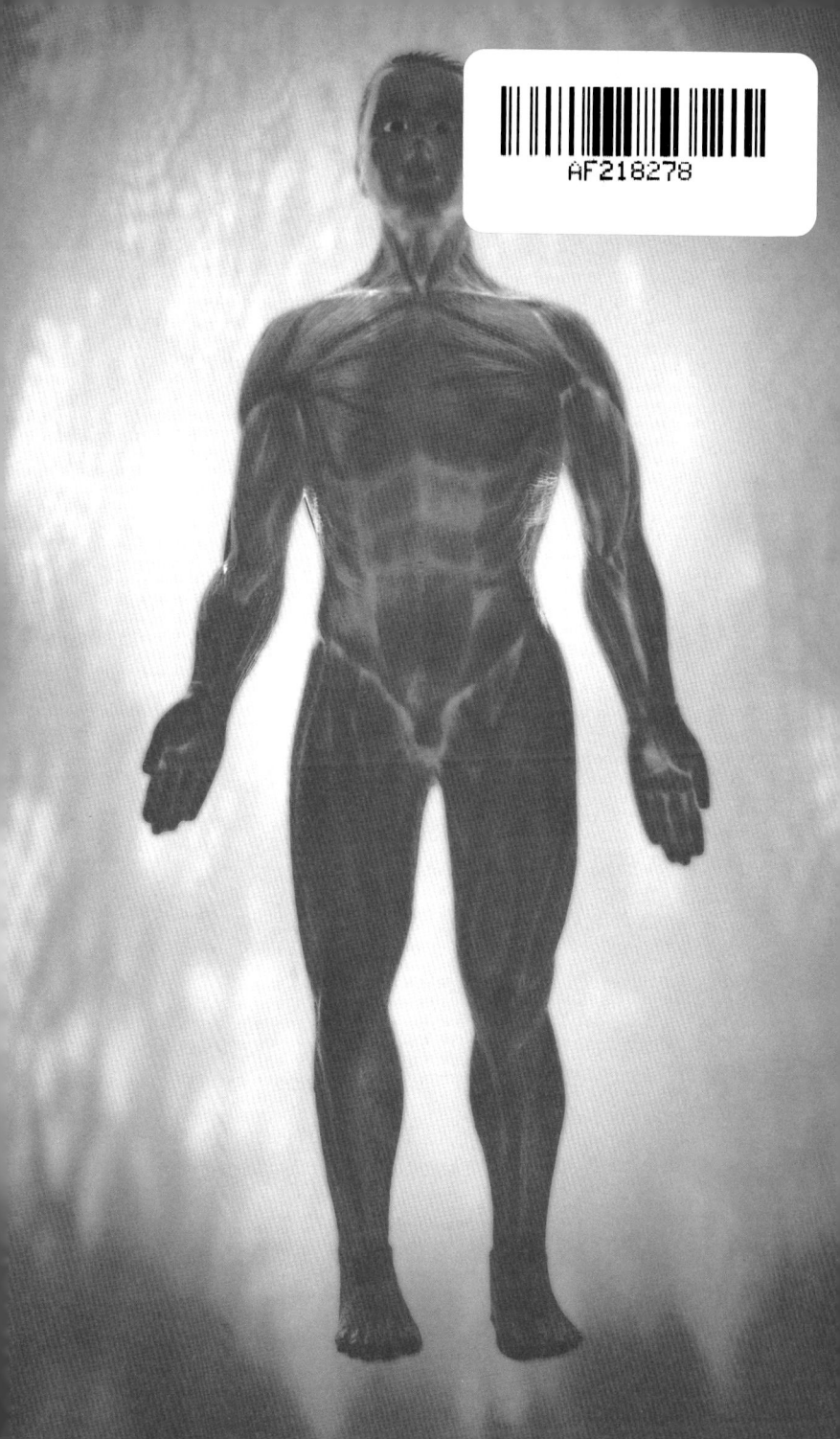

AF218278

BOB POP DE CUERPO PRESENTE

BOB POP DE CUERPO PRESENTE

FOTOGRAFÍAS

Toya Legido

Mauricio Rétiz

Ediciones La uÑa RoTa
Colección Libros Inútiles

De cuerpo presente

© 2025, Roberto Enríquez Higueras
Representado por la Agencia Literaria Dos Passos

Primera edición: abril de 2025

Diseño de la cubierta y maquetación: Arcadio Mardomingo

Fotografía de cubierta: Mauricio Rétiz

© 1998, 2025, Toya Legido, por sus fotografías (pp. 1, 9-26 y 56)
© 2025, Mauricio Rétiz, por sus fotografías (pp. 29-49)

© 2025, de la presente edición en castellano:
Ediciones La uÑa RoTa, S. L.
Apartado de correos 380
40080 Segovia

Correo electrónico: ediciones@larota.es
www.larota.es

ISBN: 978-84-18782-66-4
Depósito legal: SG 49-2025

Impresión: Villena Artes Gráficas
Printed in Spain – Impreso en España

ÍNDICE

DE CUERPO PRESENTE

La primera edición de *De cuerpo presente*, con poemas firmados por Roberto Enríquez y fotografías de Toya Legido, se publicó en La uÑa RoTa, dentro de su colección Libros Inútiles, en julio de 1998.

Una de mis manos se alzaba enérgicamente para que la manga bajara hasta el codo y mi muñeca quedara desnuda. La otra mano sostenía una cuchilla de afeitar muy afilada que alguien desconocido acababa de poner a su alcance.

Así imagino el momento en el que conocí el diagnóstico de la enfermedad. Fue como si mis deseos más perversos se hubieran hecho realidad. Tenía la oportunidad de abandonarme y dejarme caer, dejarme arrastrar hacia un abismo coniforme con paredes en espiral.

esclerosis. f. *Pat.* Endurecimiento patológico de un órgano o tejido. /2. Por ext., embotamiento o rigidez de una facultad anímica.

múltiple. adj. Vario, de muchas maneras; opuesto a simple.

(es clerosis es múltiple)

es entonces antes
hace mucho
bastante quizá no
TANTO
que ando a ascos de envoltura
a salto de mata
a náuseas de masa crasa
que niega osamenta
y guarda

es entonces antes que
esencia no
es
estado

cuello nudo no tubo
redondo no circular
esencia no es estado
fatal no es fatal

no lo que me hago
no lo que parezco

es

cómo parezco estar
cómo quiero ser
FATAL

ejercer no es vivir

el cuello se desata
la masa es un coral

mal coral al fondo del mal

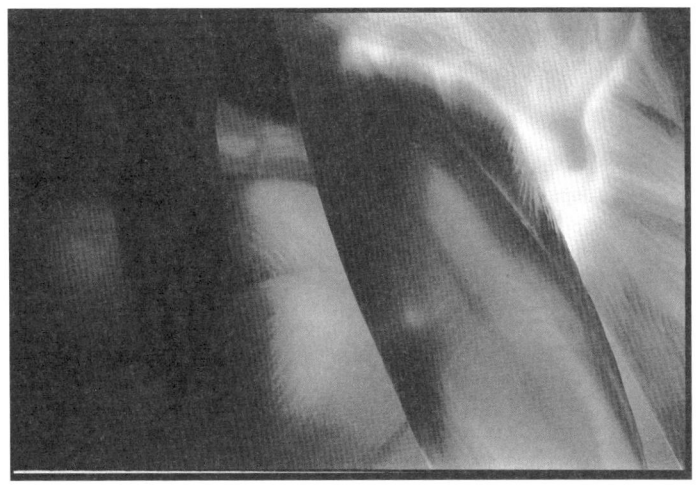

tensiones contenidos
aristas recovecos
sonidos
formas fondo
huesos músculos
dolor propio nuevo

esencia no es estar

no es cuerpo que hace
que es que está
que parece

                                                       el cuerpo se esclerosa

MÁS MIEL MÁS

oro fijo dolor romo

crónico no es eterno
NI TÚ NI YO

donde duele hay

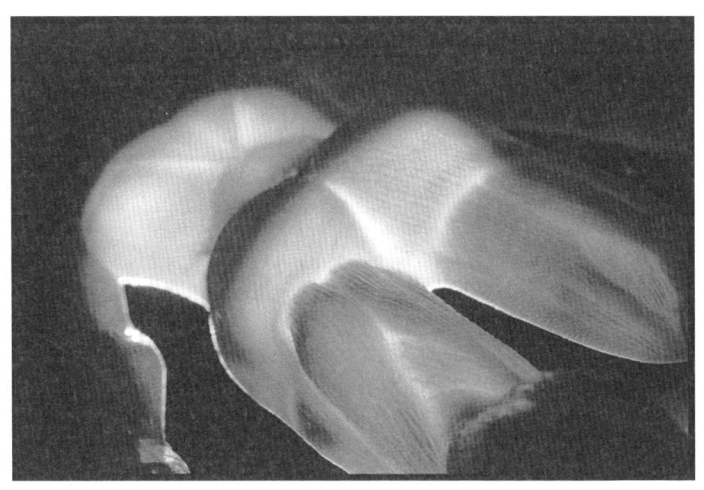

PRIMERO
viene el mareo
la cabeza vibra por dentro
          vibra por dentro

                              por dentro

dentro un diapasón

d   ia   p   a

DESPUÉS
pasan días   meses
sin síntoma

escribo cartas poemas
hasta tres seguidos

FUMO FUMO FUMO
hasta tres seguidos

só   n   nn   n   n

ˌ

nnn   n

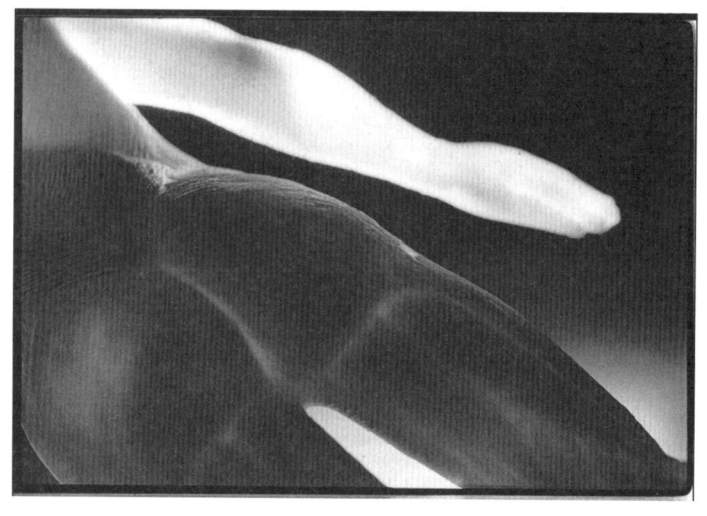

vitalidad de entreguerras
                              vibra por dentro
                                      por fuera

el cuerpo
adquiere formas
dibuja tendones
afirma osamenta
espejos fibrosos
de cierta belleza

AHORA
se acompasan
cuerpo mente alma
se acompasan
con cierta belleza

a fuerza
a horcan

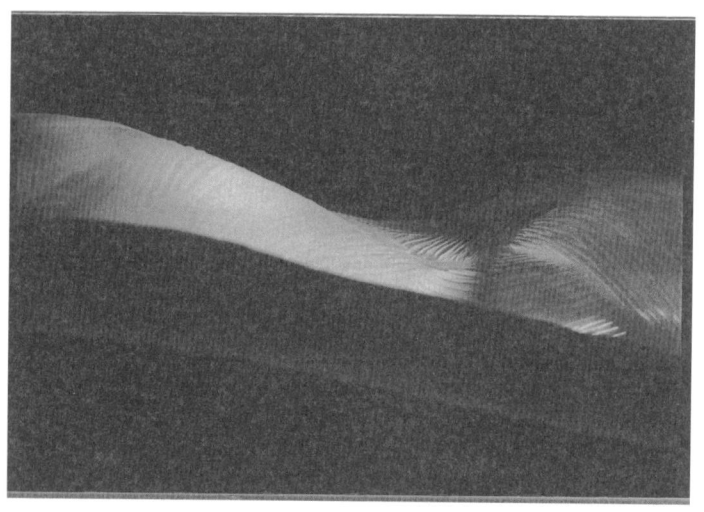

es el brote que florece
reverdece y anuncia la falsa
primavera
                 es el brote que
                 regala un doble
                 punto de vista y
                 cientos de partida
esto es lo que hay
soy lo que soy
un cuerpo presente indicativo

DE CUERPO PRESENTE 27 AÑOS DESPUÉS

Ahora, mi cuerpo está más presente que entonces que nunca. Tal vez porque siento que la discapacidad, la parálisis física, ese cuerpo en degeneración y fuga me está ayudando a entender la que vivo como una tormenta preciosa de instantes efímeros gozosos.

Todo a conciencia de cada corte vertical infinito en la breve línea horizontal que recorremos.

Ahora.

Será vuestra lectura quien me haga futuro.

GRACIAS.

Cuanto peor
letra
más tierra
sepulta
esas palabras que importaban,
ESAS PALABRAS QUE IMPORTABAN
llegaron de un diagnóstico cierto
frente a un imposible pronóstico:
se puede aventurar la propia muerte e
incluso los sucesos a ocurrir en el *post mortem*
pero cuesta imaginarse esta
ojalá larga agonía
donde cabe casi otra vida,
cuando todo lo bueno se acumula.
Lo estoy gozando y
escribiéndolo a mano.
¿Me lees, me lees bien,
veintisiete años después?

EJERCER NO ES VIVIR

Uso la izquierda,
aprendí a escribir con ella
hará unos tres años.
Recuerdo que durante el confinamiento en la pandemia
probé un montón de bolígrafos de punta fina de poco
peso para seguir escribiendo con la mano derecha. No me
duraron las fuerzas.
Ahora uso la izquierda y no tengo mala letra.
¿Me lees, me lees bien,
veintisiete años después?

DONDE DUELE HAY

Hago de la necesidad deseo
ocupo
huecos
de compasión y los
convierto en un refugio
no ya solo mío.
Así somos.
Me extiendo cuando entiendo.
Creo.
Afirmo.
Me sostienen tentáculos de amores.
También me mueven, me esconden cigarrillos que no fumo
aunque quisiera.
También.
¿Me ves, me ves bien,
veintisiete años después?

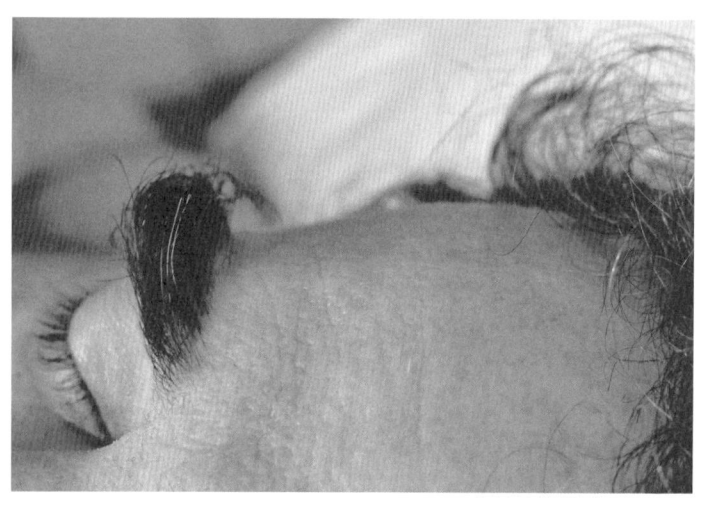

DIAPASÓNNNNNNNNNNNNNNN

Sé que inicio ¿el qué?
¿es descenso? ¿es ascenso?
Será que no lo sé, que no sabía
cuando escribí «sé»
ni necesito esa clase de certeza
¿o sí? ¿y si fuera de cualquier otra clase?
Sé que todo lo que llegue
me espera
y me bienviene, de eso sí sé
porque este presente
así lo espera y me lo susurra con todo
para que yo también lo sepa:
¿me crees, me crees,
veintisiete años después?

Veintisiete años después
y prisionero de esta guerra cuerpo a cuerpo que me
    mantiene con vida
no hay página en blanco con que anunciar mi rendición;
    todas
llevan manchas de frases, versos, párrafos o signos de
    interrogación que se abren y se cierran como cobijos
que saben tan poco como yo,
me vuelan la cabeza y me aterrizan los músculos espásticos.
Vivo porque me escribo aunque me duela y así entienda
    el precio del sufrimiento a pagar por cada idea que pide
    papel.
Sea. Peor será el silencio amenazante de las treguas.

UN DOBLE PUNTO DE VISTA
Y CIENTOS DE PARTIDA

Me gustan mucho estos versos:
me los estaba guardando
para titular algo
fabuloso:
unas memorias,
una novela.
Una pieza teatral

[nada
underground]

que se mantenga
en cartel
durante meses,
años
—no creo que veintisiete pero
tampoco descarto esa posibilidad:
que se conmemore que tal día
(el siete de octubre de 2051)
yo estaría cumpliendo ochenta años
y se celebre con una representación
de mi ya clásica obra dramática

Un doble punto de vista
y cientos de partida
en algún gran teatro de Barcelona
con la presencia
de amigxs, amores, gente
que me quiso y a quien estoy amando
a la vez que escribo esto.
Gente en Barcelona,
y gente que viajó desde Madrid, Galicia, Euskadi, Aragón,
Asturias, Canarias, Valencia, Alemania, Chile o Colombia
solo para recordarme en público
al tiempo que se acuerdan
de quienes, lo mismo que yo,
no llegaron a ver este día
tan precioso–.

Un doble punto de vista
y cientos de partida

HOMBRE 0
Crees que tienes una historia
porque crees que te tienes a ti.

HOMBRE 1
No es verdad.

HOMBRE 0
No tenemos nada
que no nos quieran
dar los demás.

HOMBRE 1
Necesito estar más cerca de las cosas verdaderas que
favorecen la suerte.

HOMBRE 0
De rodillas junto a Hombre 2 y abrazado a su cintura.
Así se miden las cosas nuevas
que nadie nos enseñó a medir
porque a nadie le importaba
su tamaño.

Hombre 1
Las cosas nuevas que fuimos aprendiendo a valorar como
importantes: la suerte, el privilegio,la venganza y la justicia.

Hombre 0
Cuatro caballos
con las tripas fuera.

Hombre 1
Levantando del suelo al Hombre 1.
Y aquí estamos, a pie, sucios, carcomidos, vivos y calientes.

Hombre 0
El desierto es el espacio reflejado
al fondo del agua: la antimateria líquida: El todo.

Hombre 1
¿Cómo empezar a contar lo que aún no sé cómo termina?

Hombre 0
¿Cómo averiguar
en qué momento
brota este relato
sobre cuya floración
lo ignoro todo?

Hombre 1
¿Cómo aprender lo que no sé si a nadie más le importa
y estoy solo en el proceso y lo único que me sirve es
abalanzarme sobre una posibilidad para, cuanto antes,
optar por el descarte o por seguir hasta saber mejor si estaré
equivocado o más cerca de no estarlo tanto?

Hombre 0
Tener razón es
viajar en el tiempo
a cuando nos atrevimos
a creer sin datos lo que
ES presente y verdad ahora
y FUE nuestra posibilidad mental,
nuestra apuesta de futuro,
de un futuro que estuvo aquí antes
de tiempo.
Sin anunciarse.

Pasan dos horas y las respiraciones del público se acompasan.
Esperan el final que ya conocen. Lo desean.

Hombre 0
Una ocurrencia,
una opción,
un escuchar
para saber qué

quieren decirme las palabras,
un saber hasta dónde me atrevo
a aventurarme.
Nos atrevemos a aventurarnos.
Siempre contigo.
El error de mi novela.

Hombre 1
El héroe de tu novela. ¡Hazme el héroe de tu novela!

Esto acaba
cuando
ya sabes
que
todo encaja
y
lo asumes
y te incorporas
a una historia
que te estuvo esperando.
Hasta hoy.
Ya estás aquí.
Allá vamos.
Tú también.
Veintisiete años después.

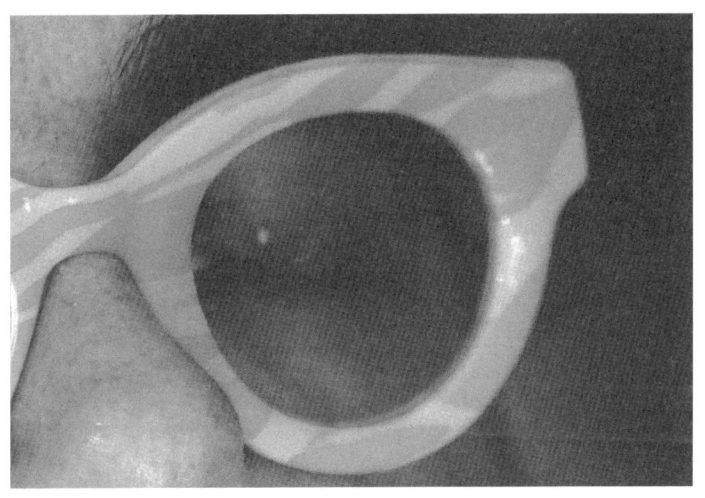

Esta primera edición de
De cuerpo presente
de Roberto Enríquez y Bob Pop
estuvo gestándose
entre
el eclipse lunar total
del 14 de marzo
y
el eclipse parcial de sol
del 29 de marzo de 2025,
día en que, de pronto, por la mañana,
durante una hora y media,
estrellas y planetas se hicieron visibles en el cielo,
las aves se refugiaron y dejaron de cantar,
los murciélagos salieron de caza,
algunas flores cerraron sus pétalos
y animales domésticos,
–incluidos algunos seres humanos–
sintieron una agitación tal que
no se calmó hasta que
este libro salió a la luz
en la primera semana de abril.